Dirección editorial M.ª Jesús Díaz

Texto, maquetación y diseño Estelle Talavera
Ilustraciones Cristina de Cos-Estrada
y Marifé González (págs. 10-11)
Diseño de colección José Delicado

UN DÍA EN EL MUSEO

Texto de Estelle Talavera
Ilustraciones de Cristina de Cos-Estrada

GATOS MOMIA

ROBOT MENSAJERO

VAN GOGH

AUSTRALOPITECO

FORZUDO

ASTRONAUTA

VISTA

NEFERTITI

CAPERUCITA ROJA

CALAMAR

REALIDAD VIRTUAL

CIRCO

SARCÓFAGO

COBOT

BRAZO BIÓNICO

KLIMT

DRON

LOS MÚSICOS DE BREMEN

MALABARISTA

MAGO

JOAN MIRÓ

CHAPLIN

JEROGLÍFICOS

DRÁCULA

CRÁNEOS

ROBOT

TORTUGA

R. DELAUNAY

P. PICASSO

G. KLIMT

VAN GOGH

J. MIRÓ

Índice

¿Qué es un museo?   10

Museo de arte   12

Museo de inventos   14

Museo de cosmonáutica   16

Museo de robótica   20

Museo del Antiguo Egipto   22

Museo del cuerpo humano   26

Museo de animales marinos   28

Museo del cuento   32

Museo del cine   34

Museo del horror   38

Museo del circo   42

Museo de Prehistoria   44

Conoce algo más sobre los…
Museos   45

¿Qué es un museo?

Se trata de un lugar en el que se conserva y expone todo tipo de objetos: arte, ciencia, historia, naturaleza..., y que todos podemos visitar. Algunos de ellos tienen actividades muy interesantes para niños y adultos.

Se pueden ver animales gigantes, trajes espaciales, momias, cuadros...

Y tú, ¿qué museo prefieres?

R. DELAUNAY

P. PICASSO

G. KLIMT

VAN GOC

J. MIRÓ

Museo de arte

Hay muchos tipos de arte, y por tanto, muchos museos diferentes: clásico, moderno, abstracto...Y no solo de pintura, también de escultura, cerámica, artes decorativas... ¡de todo! Cuando estés allí, fíjate bien en las pinceladas, los colores, los detalles.

H. MATISSE

BARCO DE VAPOR

BALSA
SALVAVIDAS

PERISCO

6👤

¿SABÍAS QUE UNA MÁQUINA DE
VAPOR ES CAPAZ DE CONVERTIR
LA ENERGÍA CREADA POR EL
VAPOR EN ENERGÍA PARA MOVER
MÁQUINAS? HOY EN DÍA ESTA
TECNOLOGÍA SIGUE SIENDO ÚTIL.

s.XIX

CAFÉ

FREGONA

LIBRO
ELECTRÓNICO

TELEVISIÓN

S.

Museo de inventos

En este museo verás los inventos más alucinantes y los primeros prototipos: la brújula, el GPS... Es fascinante observar la evolución... ¡desde la rueda de piedra a un dron!

DRON

S. XXI

NEVERA

LAVAVAJILLAS

RADIO

TELÉFONO

CÁMARA

XIX

VIL

BOMBILLA

Museo de cosmonáutica

Aquí podrás ver de cerca un verdadero traje espacial, un meteorito venido del espacio, un transbordador espacial, ¡o incluso flotar en la ingravidez!

PERRITA LAIKA

Podrás conocer cómo observa el cosmos la NASA y qué aspecto tiene el espacio exterior.

METEORITO

Descubrirás la historia de Laika, la primera perrita en viajar fuera de la Tierra.

ESTA LANZADERA ES CAPAZ DE LLEVAR NAVES DE GRANDES TONELADAS AL ESPACIO.

TRANSBORDADOR

Entenderás cómo se organiza y mueve el sistema solar, qué es un agujero negro, quién fue el primer ser humano en pisar la Luna, o cómo se logró conocer más el planeta Marte gracias al robot Curiosity.

INGRAVID

SISTEMA SOLAR

SATÉL

CÁPSULA

CURIOSITY

TRAJE ESPACIAL

ANTENA

19

ROBOT MAYORDOMO

REALIDAD VIRTUAL

SUMO ROBOT

ROBOT DE COCINA

DRON

ROBOT DE LIMPIEZA

ROBOT ZOOMORFO

Museo de robótica

¡De este museo seguro que no quieres salir! Robots que interactúan contigo brazos biónicos, nanorrobótica, exoesqueletos… ¡Pura ciencia ficción!

ROBOT VIGILANTE

AUTÓMATA

ANDROIDE

OBOT

MECATRÓNICA

CADENA DE MONTAJE

NANORROBÓTICA

GRACIAS A PIERNAS ROBÓTICAS, ¡MUCHAS PERSONAS PUEDEN VOLVER A CAMINAR!

ROBOT MENSAJERO

EXOESQUELETO

Museo del Antiguo Egipto

Este es un museo para viajar en el tiempo a una de las civilizaciones más enigmáticas de la historia.

NEFERTITI

ESFINGE

¿SABÍAS QUE LOS GATOS ERAN SAGRADOS EN EL ANTIGUO EGIPTO?

GATOS MOMIA

LOS EGIPCIOS CONSTRUÍAN LAS ESFINGES PORQUE PENSABAN QUE COBRABAN VIDA Y PROTEGÍAN EL TEMPLO DURANTE LA NOCHE.

JEROGLÍFICOS

CERÁMICA

MOMIA

En él puedes ver momias reales, sarcófagos y el busto de la bella Nefertiti, reina de Egipto.

EN LOS VASOS CANOPOS GUARDABAN LAS VÍSCERAS DE LOS MOMIFICADOS.

VASOS CANOPOS

JOYAS

AL MORIR, LOS FARAONES ERAN EMBALSAMADOS (MOMIFICADOS) Y ENCERRADOS EN SARCÓFAGOS. LUEGO ESTOS SE GUARDABAN EN PIRÁMIDES O GALERÍAS SUBTERRÁNEAS PARA CONSEGUIR LA VIDA ETERNA. NUNCA ERAN ENTERRADOS.

SARCÓFAGO

Museo del cuerpo humano

Este museo esconde todos los secretos de la anatomía humana. Adéntrate en nuestro cuerpo y míralo desde su interior, te será mucho más fácil comprenderlo.

DIENTES

VISTA

CEREBRO

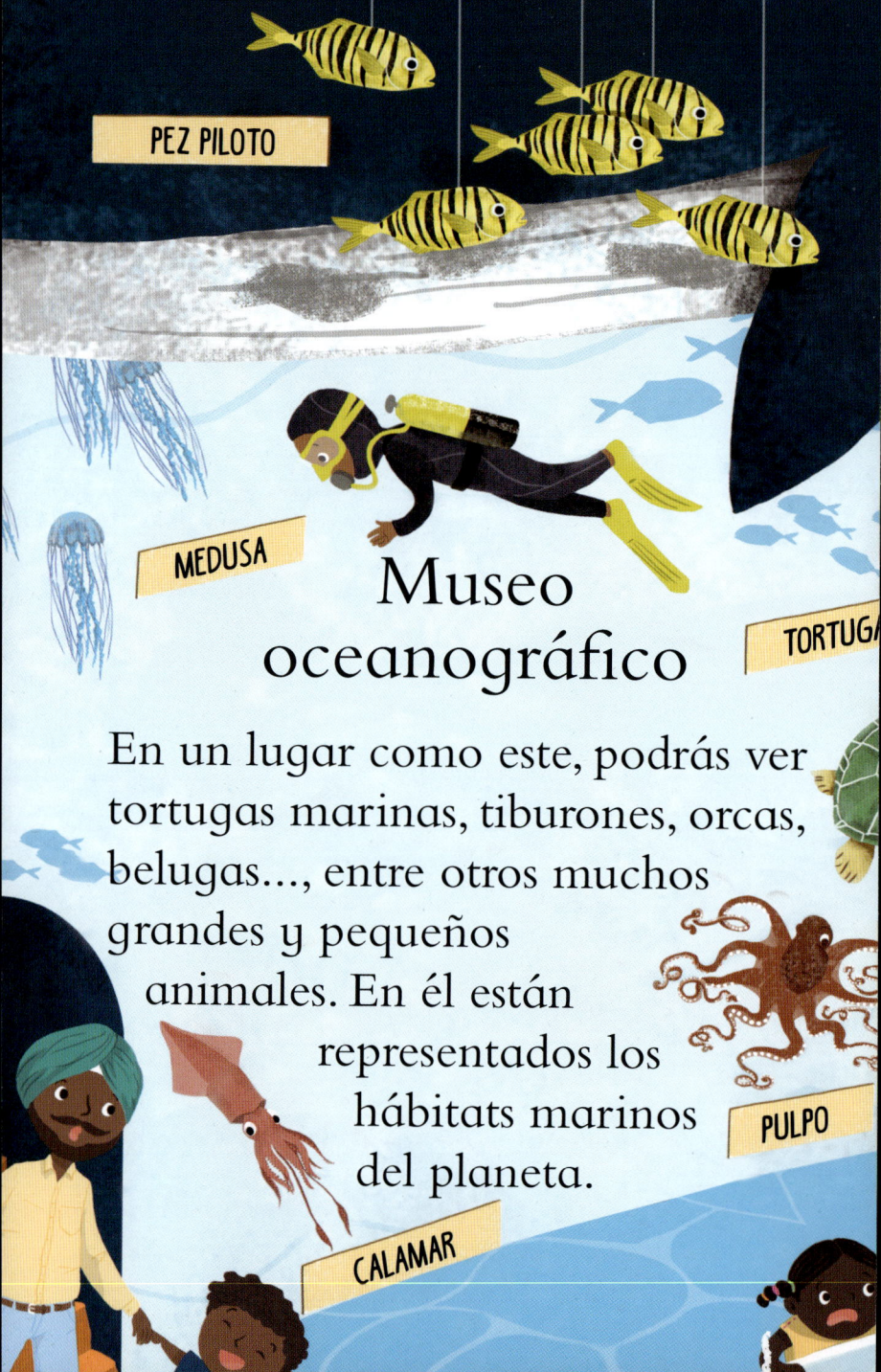

PEZ PILOTO

MEDUSA

Museo oceanográfico

TORTUGA

En un lugar como este, podrás ver tortugas marinas, tiburones, orcas, belugas…, entre otros muchos grandes y pequeños animales. En él están representados los hábitats marinos del planeta.

PULPO

CALAMAR

ORCA

LA BALLENA AZUL
ANTÁRTICA ES EL ANIMAL
MÁS GRANDE DE TODO EL
PLANETA. ¡PUEDE LLEGAR
A PESAR COMO
33 ELEFANTES JUNTOS!

BELUGA

TIBURÓN

¿SABÍAS QUE, SI UNA ESTRELLA MARINA PIERDE UNA EXTREMIDAD, LE CRECE OTRA IGUAL?

PULPO DUM

EQUIPO DE BUCEO

Y no solo te encontrarás con grandes monstruos marinos, sino también con los más insólitos y sorprendentes, como el pez linterna, el pez luna, el pulpo dumbo o el caballito de mar.

LOS TRES CERDITOS

CAPERUCITA ROJA

LA SIRENITA

LOS ZAPATOS ROJOS

EL GATO CON BOTAS

CENICIENT

RICITOS DE ORO

PETER PAN

LOS MÚSICOS DE BREMEN

LAS MIL Y UNA NOCHES

EL PATITO FEO

RAPUNZEL

LA BELLA Y LA BESTIA

BARBA AZUL

Museo del cuento

Entra en este museo y conoce de cerca a tus personajes preferidos de los cuentos. ¿Te lo imaginas?

33

LINTERNA MÁGICA

PROYECTOR

CHAPLIN

DIREC

¡EN LAS PELÍCULAS MUDAS, HABÍA UNA ORQUESTA EN EL CINE PARA AMBIENTAR LA PELÍCULA!

Museo de cine

Otra aventura emocionante es entrar en un museo del cine. En este espacio conocerás las primeras proyecciones de películas, el cine mudo de Charles Chaplin y las primeras cámaras de movimiento. ¡Parece increíble!

CÁMARA

BOBINAS

TAUMÁTROPO

¿Sabías que los dibujos animados se hacían dibujando fotograma a fotograma? Luego se colocaban uno detrás de otro ¡y parecía que se movían!

CINEMATÓGRAFO

KINETOSCOPIO

CÁMARA OSCURA

37

Museo de los horrores

Para aquellos a los que les gusta pasar un poco de miedo... este tipo de museo es perfecto: historias de fantasmas, vampiros de colmillos afilados en sus ataúdes, el hombre lobo, las brujas y sus risas diabólicas, espejos donde algunos no se reflejan... ¡de todo!

HALLOWEEN

38

HOMBRE LOBO

GATO NEGRO
HECHIZADO

FANTASMA

BRUJA

39

DRÁCULA

CEMENTERIO HABITADO

FRANKENSTEIN

ZOMBI

ULTRATUME

MOMIA

EJO ENCANTADO

ALIENÍGENA

Si el suelo empieza a temblar, ¡cuidado!, puede que las manos de un muerto viviente te atrapen los pies. ¡Y mira detrás de ti!, tal vez una momia te esté observando con malas intenciones.

ESQUELETO

FORZUDO

MAESTRO DE CEREMONIAS

Museo del circo

Abre la carpa de este increíble museo y te encontrarás magos, malabaristas, forzudos, zancudos, contorsionistas... ¡y hasta un sorprendente circo de pulgas!

MÁSCARAS

MAMUT

BIFACES

ARTE RUPESTRE

AUSTRALOPITECO

UTENSILIOS DE PIEDRA

CERÁMICA

CRÁNEOS EVOLUTIV

Museo de prehistoria

Aquí podrás aprender cómo
fueron los primeros seres humanos,
descubrir sus costumbres, sus
primeras herramientas, su arte...

44

Conoce algo más sobre los…

Museos

La palabra «museo» significa en griego 'santuario de las musas', es decir, de las divinidades inspiradoras de la música y el arte. El primer museo nació en Alejandría en el año 280 a. C.

Estos lugares se encargan de coleccionar, investigar, conservar en buen estado y enseñar nuestro patrimonio, ampliando nuestro conocimiento. Todo un lujo.

Gracias a los museos podemos conocer objetos de todo el mundo y de cualquier época de la historia.

LEER CON SUSAETA

Nivel 0. Aprendo a *LEER*

1. Los bebés de los animales • 2. El patito feo • 3. Cenicienta
4. El lobo y los siete cabritillos • 5. El burrito Platero • 6. El león valiente
7. El ratón y el gato • 8. Los vikingos • 9. Los tres Reyes Magos • 10. Aventura en la selva
11. Un dinosaurio despistado • 12. La granja del abuelo • 13. El unicornio Rayo de Luna
14. El ratoncito Pérez • 15. Un dinosaurio en el súper • 16. Un dinosaurio en el cole
17. El elefante bombero • 18. El cerdito cocinero • 19. Matías el granjero
20. El conejito jardinero • 21. El gorila perezoso • 22. La ardilla optimista
23. El conejito glotón • 24. El elefante generoso • 25. Búho, el mejor profesor
26. El oso Doctoroso • 27. El dinosaurio se disfraza
28. Un dinosaurio en el parque de atracciones • 29. El dinosaurio quiere ser pirata
30. El dinosaurio quiere ser artista • 31. El flautista de Hamelin • 32. La ratita presumida
33. El secreto del ratoncito Pérez • 34. ¿Qué le pasa al ratoncito Pérez?
35. Los Reyes Magos • 36. Papá Noel y la Navidad • 37. El dragón bombero
38. El soldadito de plomo • 39. El circo de los unicornios
40. Lola y su poni. Historia de una amistad • 41. El tigre y los colores
42. Juan y las habichuelas mágicas • 43. La princesa y el guisante
44. Alí Babá y los cuarenta ladrones • 45. Rapunzel • 46. La pequeña nube y el sol
47. Juan Sin Miedo

Nivel 1. Empiezo a *LEER*

1. Animales de la granja • 2. Fiesta de brujas • 3. Castillos de miedo
4. Historias de ogros • 5. Historias de ponis • 6. El porqué de los animales
7. El porqué del cuerpo humano • 8. Adivina adivinanza • 9. Caperucita Roja
10. Pulgarcito • 11. La bella durmiente • 12. Los tres cerditos
13. Fábulas de animales • 14. Historias de Hadas y Princesas • 15. El mago de Oz
16. Historias del Arca de Noé • 17. Animales viajeros • 18. El mundo de los osos
19. Peter Pan • 20. Mi mascota el dinosaurio • 21. Piratas • 22. Simbad el marino
23. Un dragón en casa • 24. Bambi • 25. La casita de chocolate
26. El gato con botas • 27. Aladino • 28. Aventura en el bosque mágico
29. La princesa y su poni en busca de la primavera • 30. La cigarra y la hormiga
31. La gallina de los huevos de oro • 32. La liebre y la tortuga
33. Ratón de campo, ratón de ciudad • 34. Mi bicicleta Lota • 35. Ricitos de Oro
36. El mago Merlín • 37. El zorro y la cigüeña • 38. El congreso de los ratones
39. El cuervo y el zorro • 40. La lechera y el cántaro de leche • 41. El lobo y el cabrito
42. El pastor mentiroso • 43. El zorro y las uvas • 44. Los buenos modales

Nivel 2. Ya sé *LEER*

1. Historias de dragones • 2. Caballeros medievales • 3. El libro de la selva • 4. Pinocho
5. La sirenita • 6. Las princesas bailarinas • 7. La Bella y la Bestia • 8. Blancanieves
9. Cuentos españoles • 10. El Cid Campeador • 11. El mundo de los tiburones
12. Los mejores chistes • 13. El mundo de los dinosaurios • 14. Historias de aviones
15. Nuestros amigos los perros • 16. Historias de barcos • 17. Historias de trenes
18. Historias de coches • 19. Historias de la Biblia • 20. Las plantas • 21. Egipto
22. La vida en la Antigua Grecia • 23. La vida en la Antigua Roma
24. Historias de unicornios • 25. Descubre los insectos • 26. El sistema solar
27. Fábulas de Esopo • 28. Cuentos de Navidad • 29. Antología de poesía para niños
30. Desastres naturales • 31. Historias de gnomos • 32. El mundo de las hadas
33. El gato que caminaba solo • 34. Fábulas de La Fontaine • 35. La pequeña ballena azul
36. Exploración espacial y astronautas • 37. Un día en el museo

Nivel 3. La aventura de *LEER*

1. La isla del tesoro • 2. Lazarillo de Tormes • 3. Las aventuras de Tom Sawyer